AF311815

EXPOSITION

D'OEUVRES DU SCULPTEUR

CHINARD

UNION CENTRALE DES ARTS DÉCORATIFS

EXPOSITION

D'OEUVRES DU SCULPTEUR

CHINARD

DE LYON

(1756-1813)

AU PAVILLON DE MARSAN (PALAIS DU LOUVRE)

NOVEMBRE 1909 — JANVIER 1910

CATALOGUE

PAR

Paul VITRY

CONSERVATEUR ADJOINT AU MUSÉE DU LOUVRE

PARIS

LIBRAIRIE CENTRALE DES BEAUX-ARTS

ÉMILE LÉVY, ÉDITEUR

13, RUE LAFAYETTE, 13

1909

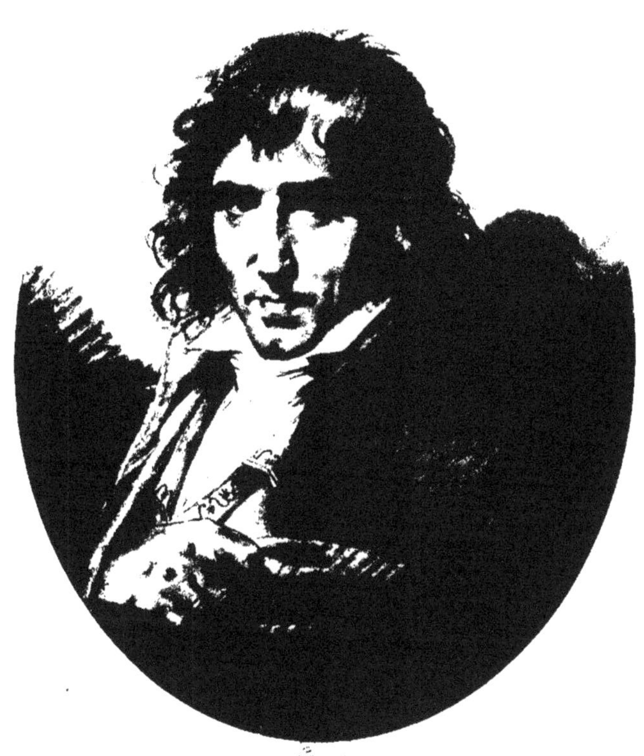

PORTRAIT DE CHINARD, PAR ISABEY

(Collection de M. Genin, à Lyon.)

INTRODUCTION

JOSEPH CHINARD

(1756-1813)

Ce n'est ni une découverte ni une réhabilitation. Le sculpteur lyonnais Chinard n'est un inconnu pour personne, ou pour presque personne, dans le monde de l'histoire et dans celui de la curiosité. Sa personnalité, néanmoins, et sa carrière mouvementée sont des plus curieuses à remettre en lumière et il y a dans son œuvre énorme, inégal et divers, plus d'un morceau à placer tout à fait au premier rang et plus d'un aussi qui surprend par son caractère original et inattendu, sans parler même de la haute signification historique de certains de ses portraits des hommes et des femmes de la Révolution et de l'Empire.

Ce fut donc une bonne fortune pour la Commission du Musée des Arts décoratifs de rencontrer dans l'abondante collection réunie depuis une dizaine d'années par M. le comte de Penha Longa, avec un goût perspicace et une volonté passionnée, comme le noyau d'une exposition d'ensemble de

l'œuvre de Chinard. L'entreprise sans cela eût été hasar-
deuse : les œuvres de sculpture ne se mobilisent pas aisé-
ment et, malgré le prodigieux intérêt qu'elle présenterait,
on hésite devant les difficultés de toute nature que rencon-
trerait une « rétrospective » de Houdon ou de Clodion.
Mais, dans l'occasion, à la bonne grâce et à l'abnégation du
principal prêteur, on pourrait presque dire de l'initiateur de
l'exposition, a répondu celles des amateurs parisiens ou
lyonnais qui se sont libéralement dessaisis ; ils nous ont
permis de centraliser en très peu de temps, non certes, l'ensemble de la production de Chinard, ni même peut-être ses
principales œuvres, mais un choix typique de pièces évoca-
trices d'une époque passionnante entre toutes, de morceaux
d'une qualité d'art infiniment séduisante et qui témoigne
que l'homme qui les exécuta doit compter parmi les grands
ouvriers de plastique de son siècle.

Nous ne saurions oublier non plus l'aide que la Municipalité et la Commission des Musées de Lyon ont apporté à
l'entreprise en nous confiant quelques pièces précieuses ti-
rées d'une réunion permanente, commencée à Lyon même
et qui s'est accrue, ces temps derniers, de l'ouvrage qu'on peut
considérer comme le chef-d'œuvre de notre artiste, le buste
en marbre de Madame Récamier. La ville de Lyon, du reste,
sera la première à bénéficier de la gloire, mieux établie,
d'un artiste qu'elle peut absolument revendiquer comme
sien.

C'est à Lyon, en effet, que naquit Chinard, qu'il se forma
et qu'il travailla pendant presque toute sa vie, exception faite
pour un certain nombre de séjours en Italie. A l'inverse de
plusieurs autres grands artistes lyonnais d'origine, comme
Coysevox ou les Coustou, il resta fidèlement attaché à sa

patrie, même au temps de sa plus grande célébrité. Il joua, de plus, dans l'histoire politico-artistique de Lyon, un rôle qui, toute proportion gardée, peut être comparé à celui du peintre David, à Paris. Décorateur pour églises classiques, puis ardent révolutionnaire et organisateur des fêtes civiques, il devint ensuite le metteur en scène des pompes consulaires et l'un des portraitistes attitrés de la famille impériale.

.·.

Né en 1756, de petite origine il était fils d'un « marchand sur la rivière ») et d'éducation médiocre, il entra à 14 ans à l'École gratuite de dessin et, un peu plus tard, dans l'atelier du sculpteur Blaise : à 16 ans, il travaillait déjà à restaurer la façade de l'Hôtel de Ville de Lyon. Un peu plus tard, il exécute des évangélistes et des saints pour l'église Saint-Paul, à Lyon 1780 (ces figures furent détruites à la Révolution), et, pour la Chartreuse de Selignac, près de Bourg 1782, un saint Bruno et un saint Jean, figures colossales qui existent encore, l'une au presbytère de Saint-Denis, près Bourg, l'autre à Bourg même, dans le jardin de Madame de Corcelles.

En 1784 il part à Rome, non sans avoir déjà meublé un certain nombre de parcs, de vestibules et de chapelles de la région, de statues religieuses, allégoriques ou mythologiques d'une formule courante et d'un faire sans doute assez banal. Le *Narcisse*, de la collection Penha Longa, daté de 1781, nous en donne un spécimen suffisant, sans qu'il ait été besoin de rechercher et de faire déplacer, à Lyon ou aux environs, ces morceaux plus importants par leurs dimensions que par leur caractère d'art.

Il n'a, remarquons-le, nulle pension officielle et tente le voyage à ses frais, encouragé par des amateurs lyonnais, qui lui payent d'avance les ouvrages commandés. En 1786, un succès éclatant couronne ses efforts. Son *Persée et Andromède*, destiné à l'intendant de Lyon, Terray, lui vaut le premier prix de sculpture de l'Académie romaine de Saint-Luc, distinction que pas un Français, fût-il de l'Académie royale et s'appelât-il Houdon, n'avait encore obtenue.

Il imite, du reste, les grands Italiens classiques et copie les antiques avec ferveur pendant les quatre ans qu'il passe à Rome, bustes, groupes, statues, dont il expose les modèles à Lyon et qu'il exploitera toute sa vie pour satisfaire à la mode du temps. Il n'échappe certainement pas, ses œuvres en témoignent, à l'influence du milieu où se forme et domine déjà Canova, d'un an seulement plus jeune que lui.

Il rentre dans son pays en 1788 et y épouse une certaine Antoinette Perret, brodeuse, qui avait quatre ans de plus que lui et, avec laquelle il devait vivre déjà depuis longtemps. C'est elle qu'il a représentée, plus tard, avec son chapeau-capote de style Directoire et sa figure assez ingrate, mais « intéressante » dans ce buste, prêté par le Musée de Lyon, qui est orné de l'inscription sentimentale :

Tu vivras toujours dans la pensée de ton époux !

Il est patronné vers ce temps par un ancien négociant lyonnais, Van Risamburgh, dont il représente la femme en Minerve protégeant son jeune fils contre les traits de l'Amour (La présente exposition nous révèle la terre cuite de ce groupe qui fait partie de la collection Porgès). Il travaille aussi pour la Municipalité et élève en 1790 une statue de la *Liberté* pour la fête de la Fédération, dans la plaine des Brotteaux.

Il retourne cependant à Rome, chargé comme la première fois de commandes pour des Lyonnais. Van Risamburgh, patriote, philosophe et démocrate, lui avait demandé en particulier, deux groupes allégoriques destinés à soutenir des candélabres et qui devaient représenter Jupiter foudroyant l'Aristocratie et Apollon foulant aux pieds la Superstition. Mais mal en prit au sculpteur d'être allé exécuter ces allégories d'actualité dans la cité pontificale et surtout de les avoir montrées, en faisant sans doute quelque ostentation de ses sentiments républicains et philosophiques. Il fut arrêté pour outrage à la religion, dans la nuit du 22 au 23 septembre 1792 et emprisonné au château Saint-Ange avec un jeune architecte nommé Rater. Les artistes, et les Français épris des idées de la Révolution qui s'étaient groupés autour de l'Académie de France et de Ménageot son directeur, protestèrent violemment. La nouvelle gagna Lyon et bientôt Paris. L'opinion s'émut. La famille de Chinard fit agir les autorités lyonnaises et implora l'aide du gouvernement. David « interpella » à la Convention. Il tonna contre le fanatisme romain, parla d'auto-dafés et de victimes déjà sacrifiées.... Mais les informations allaient lentement alors, si les sentiments étaient singulièrement analogues à ceux que nous voyons encore, à l'occasion, soulevés autour de nous. En réalité, nos deux artistes venaient d'être relâchés et avaient été expulsés de l'État ecclésiastique sur l'intervention du ministre de la République française à Naples ; car la République n'avait plus d'ambassadeur à Rome et le gouvernement, pour agir, s'était cru obligé d'écrire directement au « prince évêque de Rome ». Ce fut même madame Roland, femme du Ministre de l'Intérieur, qui rédigea la lettre : elle l'a racontée elle-même dans ses Mémoires. Cette épître vaudrait d'être citée toute entière :

en voici quelques lignes caractéristiques du style et des sentiments du moment.

> Des français libres, des enfants des arts, dont le séjour à Rome y
> soutient et développe des goûts et des talents dont elle s'honore,
> subissent par votre ordre une injuste persécution. Enlevés à leurs
> travaux, d'une manière arbitraire, enfermés dans une prison rigou-
> reuse, indiqués au public et traités comme des coupables sans
> qu'aucun tribunal ait annoncé leur crime, ou plutôt lorsqu'on ne
> peut leur en reprocher d'autres que d'avoir laissé connaitre leur
> respect pour les droits de l'humanité, leur amour pour une patrie qui
> les reconnait, ils sont désignés comme des victimes que doivent
> immoler le despotisme et la superstition réunis.
> Le règne de l'inquisition finit du jour où elle ose exercer encore sa
> furie... Pontife de l'Église romaine, prince encore d'un État prêt à
> vous échapper... les siècles de l'ignorance sont passés, les hommes ne
> peuvent plus être soumis que par la conviction, conduits que par la
> vérité, attachés que par leur propre bonheur.

On voudrait penser que ces lignes éloquentes et géné-
reuses furent inspirées à Madame Roland, non seulement
par la haine de la tyrannie et de l'arbitraire pontifical et par
son zèle pour la défense de la pensée libre, mais un peu
par des sentiments d'amitié et de reconnaissance envers un
homme qu'elle avait pu connaitre à Lyon pendant le temps
qu'elle y avait vécu, de 1784 à 1791, envers un artiste qui
avait peut-être eu l'occasion de modeler d'elle une image
exquise, s'il est vrai que c'est bien Manon Phlipon, femme
du citoyen Roland, ministre de l'Intérieur, que représente
le délicieux buste de la collection de M. Ed. Aynard.
Madame Roland ne fait malheureusement aucune allusion
à ce buste dans ses Mémoires ni dans ses Lettres, et cette
attribution, assez vraisemblable, manque encore de base
précise.

Chinard, « victime du despotisme inquisitorial », fut reçu à
Lyon en triomphe en Décembre 1792; il s'affilia aux sociétés
populaires et aux clubs et devint l'artiste officiel de la com-
mune de Lyon; quelques portraits, de grands projets de
décoration l'occupèrent pendant quelques mois. Il devait en
particulier remplacer le Louis XIV de la façade de l'Hôtel de
Ville par deux statues colossales de la *Liberté* et de l'*Égalité*.
Mais son projet déplut à cause d'un geste malheureux d'une
des figures qui tenait une couronne civique du bras droit
tombant un peu en arrière et « semblait la destiner à une
partie du corps tout à fait différente de la tête ».

Cette mauvaise plaisanterie, des soupçons, quelque incer-
titude peut-être dans sa conduite ou ses opinions, au milieu
des événements terribles qui agitèrent et bouleversèrent la
ville de Lyon au cours de cette année 1793, firent accuser
Chinard de modérantisme et de tendances contre-révolution-
naires : il fut arrêté et comparut devant la Commission révolutionnaire instituée par la Convention à Lyon, ou plutôt à
Commune-Affranchie. Il occupait ses loisirs en prison à modeler différents médaillons et de petites allégories de la
« *Justice protégeant l'Innocence* », qu'il fit offrir à ses juges.
L'une d'elles figure à l'Exposition : elle est signée *Par un prisonnier* et datée du 25 *Pluviose*; elle passe pour avoir été
offerte à Corchand, l'un des membres du tribunal révolutionnaire qui devait juger l'artiste quelques jours plus tard.

Chinard fut acquitté et reprit son rôle de décorateur répu-
blicain et d'organisateur de fêtes civiques. Il releva les statues
que la contre-Révolution avait abattues, modela des bustes
de patriotes et de conventionnels le Musée de Neufchatel-
en-Bray conserve celui du représentant Pocholle, des Brutus
et des Guillaume Tell, des Jean-Jacques Rousseau et des

Montesquieu (l'Exposition nous montre un curieux petit buste de ce dernier philosophe), des Hercule terrassant le Despotisme, des Victoires et des Renommées. Il n'est presque rien resté de cette série d'œuvres où se jouait son abondance et sa facilité, mais qui, conçues et réalisées hâtivement, en matériaux peu durables, disparurent sans presque laisser de trace, comme la plupart des grandes conceptions monumentales de l'époque. Mais il est très curieux de voir, rien qu'à l'inspection d'un simple relevé sous forme de catalogue, de ces entreprises, les sujets guerriers se multiplier, les Victoires et les Abondances remplacer bientôt les Libertés et les Égalités. En 1799, dans l'œuvre du sculpteur qui avait modelé les allégories anticléricales de 1791, et cette si curieuse composition servant de socle à une figure du *Peuple français couronné par la Liberté* aujourd'hui au Musée Carnavalet) où l'on voit un âne revêtu de la mitre et des ornements sacerdotaux défiler dans un cortège burlesque et sacrilège, apparaît subitement la statue de *Saint Pothin*, évêque et martyr, aujourd'hui encore à l'église Saint-Nizier, à Lyon.

Chinard exécute alors de grandes machines pour la réception du premier consul et reçoit des commandes officielles du gouvernement comme celles du monument à la gloire de Desaix, mort à Marengo. Il est chargé aussi, par le cardinal Fesch et la famille Leclerc, d'honorer la mémoire du général Leclerc, mort à Saint-Domingue.

La famille du premier Consul, bientôt de l'Empereur, allait du reste dans les années qui suivirent, lui témoigner une faveur constante. Outre le buste de Joséphine qu'il répéta à quatre ou cinq exemplaires, il exécuta plusieurs fois celui de son fils Eugène de Beauharnais, et celui de la femme de celui-ci, la princesse Auguste de Bavière. On lui demanda encore le buste de Julia Clary, femme de Joseph Bonaparte, plus tard reine d'Espagne. Enfin Elisa Bonaparte et son mari, le prince Félix Bacciocchi ne se contentèrent pas de lui commander leurs portraits, dont les originaux sont conservés aujourd'hui aux environs de Lucques, ils le chargèrent de missions prolongées dans leur domaine d'Étrurie, aux carrières fameuses de Carrare, missions dont M. Paul Marmottan a raconté le détail et les aventures, dans son beau livre sur *les Arts en Toscane sous Napoléon*.

En dehors de ce séjour en Italie, qui était au moins pour lui le troisième, Chinard fit, vers ce moment, le plus brillant de sa carrière, plusieurs infidélités à sa ville natale. Il séjourna quelque temps à Marseille, où il devait élever un monument colossal à la gloire du Premier Consul et où il fut en relations avec Charles Delacroix, préfet des Bouches-du-Rhône, père d'Eugène Delacroix et beau-père de Raymond de Verninac, le préfet de Lyon que notre artiste avait connu antérieurement.

Il séjourna aussi à plusieurs reprises à Paris, mais sans que ces séjours aient jamais été de longue durée. Une première fois en 1795, peu après la formation de l'Institut dont il fut nommé associé, il fit des démarches auprès du Directoire, pour obtenir à Lyon la concession d'un « local national » où il devait installer son atelier et ouvrir une école gratuite (pièces publiées par Salomon de la Chapelle).

C'est pendant ce temps et au cours de ces négociations qu'il fit le portrait de Ginguené, directeur de l'Instruction Publique, qu'il date de *l'An IV à Paris*.

Plus tard, en 1802, il expose au Salon de Paris un *Amour sur les flots* se sauvant à l'aide des seules armes : c'était un retour à la mythologie précieuse et badine de l'ancien régime.

Il résidait encore à Paris en 1805, au moment où il fit les bustes d'Elisa Bonaparte et de son mari. M. Marmottan a relevé à cette date plusieurs des adresses où il aurait habité ; l'une d'elles est fort précieuse à retenir : c'était rue Basse-du-Rempart, dans la maison du banquier lyonnais Récamier. C'est du reste chez M. Récamier que se trouvait, au dire de Chinard lui-même, le plâtre de son groupe de *Persée et Andromède*, tel qu'il l'avait exposé au Salon de Paris, en l'an IX, et selon toute vraisemblance, c'est à l'une de ces deux dates, 1802 ou 1805, qu'il exécuta le merveilleux buste de Madame Récamier, la divine Juliette, alors dans tout l'éclat de sa radieuse beauté. Telle est également l'opinion de M. Emile Bertaux, dans un article qu'il vient d'écrire à propos de l'acquisition du Musée de Lyon (1).

Chinard vint, sans doute, encore à Paris au moment où il exposa, en 1808, sa grande série des bustes de la famille impériale et le charmant portrait de Mademoiselle Fanny Perrin, aujourd'hui au Musée de Clermont, ainsi qu'un des bustes rétrospectifs qui lui avaient été commandés, dès 1802, par le Ministre de l'Intérieur, pour la grande galerie du Louvre (2), celui de l'Albane aujourd'hui déposé au Musée de Saint-Étienne.

Mais il avait été nommé, en 1807, par l'Empereur, pro-

---

1. M. Herriot, au contraire, dans son livre sur *Madame Récamier*, tendait à placer l'exécution du buste, non signé malheureusement et sans état civil précis, vers 1812, lors d'un séjour de Madame Récamier à Lyon. (Voir le Catalogue n° 58). — On sait que c'est M. Herriot, maire de Lyon, qui a eu à ratifier officiellement l'acquisition du buste, négociée par M. Bertaux, au nom de la Commission des Musées lyonnais.

2. *Archives du Musée du Louvre.*

fesseur de sculpture à l'École des Arts du Dessin de Lyon. Il se passionna pour son enseignement et ne quitta plus guère Lyon à partir de ce moment. Il y était depuis long-temps membre de l'Athénée et fut reçu, en 1808, membre de l'Académie. Il s'y remaria, en 1811, avec une demoiselle Marie Berthaud qu'il avait connue aux prisons révolution-naires de 1793 où elle venait voir un de ses compagnons de détention et qui vivait près de lui depuis de longues années. Peut être alla-t-il encore quelquefois chercher des marbres à Carrare ; mais c'est à Lyon qu'il exécuta les nombreuses commandes qui lui venaient, soit des particuliers, soit des villes de Marseille, Bordeaux ou Clermont, soit du Gouver-nement.

Parmi ces dernières, nous citerons *Le Carabinier* qui devait prendre place sur l'Arc de Triomphe du Carrousel, commandé dès 1807 (1) et exposé seulement au Salon de 1812 ; une copie de la Vénus du Capitole, acquise en 1811 (2), aujourd'hui transportée à Compiègne, la statue du général Cervoni pour le Pont de la Concorde (Modèle au Salon 1812. Inexécuté), enfin, deux trépieds en marbre bleu turquin commandés en 1811 (3) ainsi qu'un grand vase en marbre de Carrare, en 1812, et destinés à orner les salons de la Mal-maison ou ses jardins. Ces derniers monuments étaient encore inachevés à la mort de l'artiste, en 1813 : ils demeu-rèrent abandonnés dans sa maison du quai de l'Observance. Ils en sortirent, l'un, vers le milieu du siècle, pour aller à Chalon-sur-Saône, d'abord dans une villa des environs puis

1. *Archives du Musée du Louvre.*
2. *Archives du Musée du Louvre.*
3. *Archives du Musée du Louvre.*

dans le Musée de la ville, les autres, beaucoup plus tard, et pour une destination inconnue.

Chinard mourut le 20 juin 1813. Il n'avait que 56 ans et laissait quantité d'ouvrages ébauchés, de pensées à peine esquissées.

On voit combien sa carrière avait été remplie et prodigieuse son activité. Les circonstances que nous avons rapportées brièvement le portèrent à cette activité féconde, parfois un peu tumultueuse; mais on se l'expliquera davantage en admirant la vivacité spirituelle de ses esquisses qui révèlent une rapidité, une facilité d'invention et une verve de tempérament qui sont surprenantes. Ses grands ouvrages sont plus froids. Il ne prit peut-être pas le temps d'y mettre ce que l'étude patiente et approfondie put apporter de solidité à l'œuvre d'un Bouchardon ou d'un Chaudet. Il fut aussi fortement desservi par la manie du pastiche antique qui sévit autour de lui et ne lui permit que peu d'œuvres réelles et fortes comme le *Carabinier*.

Mais il est, d'autre part, tout un aspect de son œuvre sur lequel nous avons à peine insisté dans ces notes rapides et où son tempérament se donne libre cours : c'est la série considérable et si variée de ses portraits. Il y aurait là matière à une étude iconographique minutieuse, étant donné l'importance historique de certains des modèles et d'autant que quantité de ces bustes ou de ces médaillons ont perdu, dans les transmissions, leur état-civil. Nous y retrouvons, en tous cas, ces qualités de vivacité dans l'exécution, de style fin et gracieux et d'aimable arrangement que nous notions dans ses esquisses, à côté d'une bonhomie parfois et d'une saveur réaliste qui sont loin d'être négligeables et qui placent Chinard parmi les grands portraitistes de son temps. Si la

grâce légère et le style de ses allégories peuvent le rapprocher d'un Prudhon, la véracité robuste et la pénétration
de certaines de ses effigies font penser parfois aux œuvres
magistrales de certains des plus grands peintres, ses con-
temporains. Ce sont là toutes qualités assez rares et qui
font à Chinard une figure bien à part dans le groupe des
sculpteurs de la Révolution et de l'Empire.

Paul VITRY.

NOTE BIBLIOGRAPHIQUE

La vie et l'œuvre de Chinard sont loin d'avoir encore
été étudiées comme elles le mériteraient. Une notice en
forme d'éloge, pleine de rhétorique, de son ami J.-B. Dumas,
lue en 1814 à l'Académie de Lyon, en est le point de départ
obligé. On peut citer ensuite une notice d'Arthur Guillot,
dans l'*Artiste*, t. I, 1859, et l'article du *Dictionnaire* de Jal
(1867). Puis il faut attendre les articles de M. Salomon de
la Chapelle dans la *Revue du Lyonnais* 1896 et 1897, qui
contiennent de bons renseignements et des dépouillements
d'archives très complets pour la période révolutionnaire,
avec un utile essai de catalogue de l'œuvre. Nous avons, au
cours de ce catalogue sommaire, renvoyé à ce travail toutes
les fois que cela nous a paru utile pour préciser l'identité
d'une pièce ou son histoire.

On peut consulter aussi le livre de M. Marmottan,
Les Arts en Toscane sous Napoléon Paris, 1901 au sujet du
séjour de Chinard en Italie, et l'article de M. Cantinelli paru
dans la *Gazette des Beaux-Arts* en 1905 (t. I. p. 142-150) à
propos d'une exposition rétrospective qui eut lieu à Lyon
en 1904. M. Cantinelli y a donné en particulier une très
précieuse note autobiographique de Chinard rédigée vers
1808 (1).

Nous devons enfin annoncer deux articles qui vont pa-
raître en novembre 1909, et dont nous avons eu communica-
tion grâce à l'amitié de leurs auteurs. MM. Maurice Tourneux
et Émile Bertaux, l'un dans les *Arts* sur la collection de
M. de Penha Longa, l'autre dans la *Revue de l'Art ancien et
moderne* sur le buste de Mme Récamier.

---

(1) Nous sommes heureux de pouvoir tout particulièrement remer-
cier, ici, M. Cantinelli, conservateur de la Bibliothèque de la ville de
Lyon, de la bonne grâce et de l'activité avec laquelle il nous a apporté
son concours pour la préparation de la présente exposition.

LISTE

DES ÉTABLISSEMENTS ET DES PERSONNES QUI ONT
COLLABORÉ PAR LEURS PRÊTS A L'EXPOSITION CHINARD

Les Musées de Clermont-Ferrand, de Lyon, de Versailles
La Bibliothèque de la Ville de Lyon,
l'Institut de France,
le Musée des Arts Décoratifs.

MM. Ed. Aynard.
Joseph Bardac.
le marquis de Biron.
le comte Cahen d'Anvers.
Chatel.
Cumin et Masson.
Demotte.
Desjardins.
Félix Doistau.

Mme A. Doucet.

MM. Carle Dreyfus.
Tony Dreyfus.
Genin.
Napoléon Gourgaud.
Guérault.
Jules Guiffrey.
Henri Heilbronner.
Henry Jouin.
Kraemer.
Pierre Lebaudy.

MM. Émile Lévy.
Théodore Mante.
Mariéton.
Paul Marmottan.
Michon.

Mme Morin.

MM. Ét. Moreau-Nélaton.
Alexandre Nathanson.
Paulme.
le Comte de Penha Longa.
Piégay.
Jules Porgès.

Mmes Taigny.
Th. Reinach.

MM. Reynaud.
Sainte-Marie Perrin.
De Schorstein.
A. Séligmann.
Sonnery-Martin.
Wildenstein.

CATALOGUE

CATALOGUE DES OEUVRES EXPOSÉES

---

1. — **Portrait de Chinard.**

par Isabey.
Crayon rehaussé de gouache. — H. 0^m20.

Coll. de M. Genin, à Lyon.

COMPOSITIONS MYTHOLOGIQUES ET ALLÉGORIQUES

---

2. — **Narcisse.**

Statuette. Marbre. — H. 0^m78.
Signé : Chinard 1781.

Coll. de M. le comte de Penha Longa.

3. — **Persée et Andromède.**

Esquisse Terre cuite. — H. 0^m31.

App. à M. Desjardins, à Lyon.

Cette esquisse se rapporte au groupe pour lequel Chinard remporta le prix de l'Académie de Saint-Luc à Rome, en 1786, et dont le Musée de Lyon possède un marbre inachevé et un modèle en terre.

4. — Persée et Andromède.

Groupe sur un socle orné de figures en bas-relief, représentant le mariage de Persée et d'Andromède avec divers personnages mythologiques.

Terre cuite. — H. (socle) 0^{m}20 (groupe) 0^{m}41.

Coll. de M. le marquis de Biron.

Sur la terrasse du groupe est gravée l'inscription : *Esquisse du 1er prix remporté à Rome, au concours de l'année 1786, par J. Chinard.*

5. — Vénus et Enée (?)

Groupe sur un socle orné de figures en bas-relief, représentant divers épisodes de la guerre de Troie : Paris enlevant Hélène ; la mort de Patrocle ; Hector tué par Achille.

Terre cuite. — H. socle 0^{m}20 groupe 0^{m}38.

Coll. de M. le marquis de Biron.

6. — L'Amour enchaîné et pleurant appuyé sur un autel.

Médaillon ovale Marbre. — H. 0^{m}35.

Signé : *Chinard 1788.*

App. à MM. Cumin et Masson, à Lyon.

7. — L'Amour enchaîné.

Médaillon ovale. Marbre. — H. 0^{m}32.

Dans un cadre en bois de l'époque Louis XVI.

Signé : CHINARD.

App. à M. Kraemer.

Même composition en plus mince relief et avec plusieurs variantes que le n° précédent.

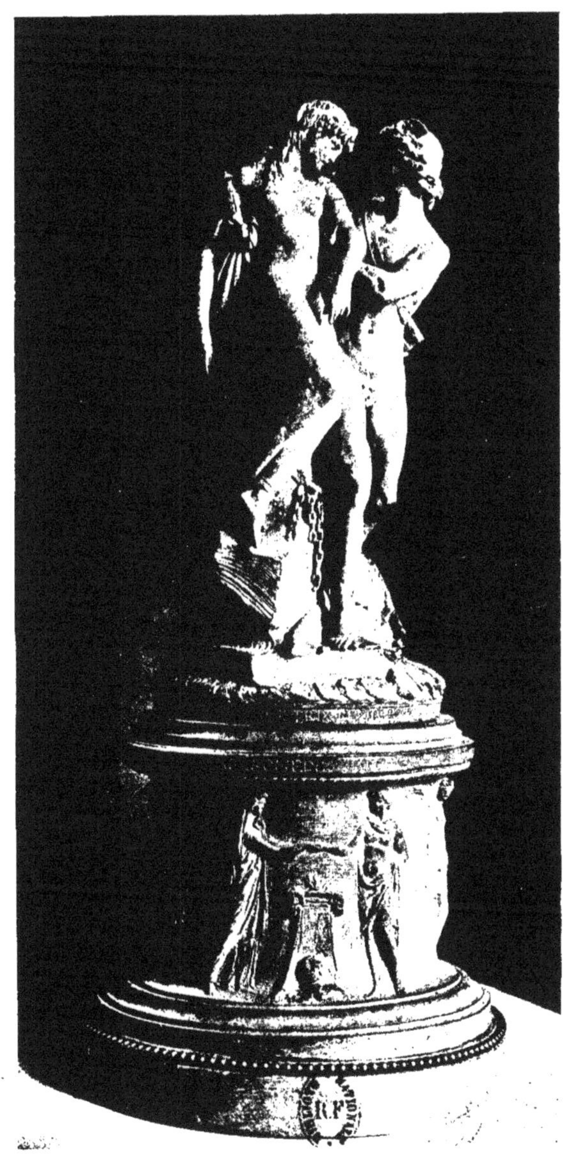

PERSÉE ET ANDROMÈDE

(Collection de M. le marquis de Biron)

8. — Psyché à sa toilette.

Médaillon ovale. Marbre. — H. 0ᵐ35.

Signé : *Chinard 1788*.

> App. à MM. Cumin et Masson, à Lyon.

Pendant du numéro 6.

9. — Enlèvement d'Europe.

Bas-relief circulaire. Terre cuite. — Diam. : 0ᵐ45.

Non signé.

> Coll. de M. Genin, à Lyon.

Voir *Gazette des Beaux-Arts* 1905, t. I, p. 146, fig.

10. — Jeux de Bacchantes.

Bas-relief circulaire. Terre cuite. — Diam. 0ᵐ16.

Signé : *Chinard fecit 'Roma 1791*.

> Musée de Lyon.

11. — La Mort des Centaures.

Épisode du combat des Centaures et des Lapithes,
d'après les métamorphoses d'Ovide.

Groupe. Terre cuite. — L. 0ᵐ56. H. 0ᵐ36.

Sur le socle est inscrit :

 Cillare et Hylonome *Met. d'Ovide Liv. 12*.

Signé : *Chinard invenit et fecit*.

> Coll. de M. le comte de Penha Longa.

Anc. coll. Francis Mallet-Guy.

Voir Catal. Salomon de la Chapelle, p. 141.

12. — La Sagesse préservant l'Innocence des traits de l'Amour.

Groupe. Terre cuite. — H. 1ᵐ10.

Signé : CHINARD 1789.

> Coll. de M. Jules Porgès.

Ce groupe fut exécuté en 1789, à Lyon, pour Madame Van Risamburgh, femme d'un négociant de Lyon. — Salomon de la Chapelle (1896 p. 90) signale un marbre de cette même composition dans la collection du docteur Ollier.

Le nom de Chinard, deux fois répété sur cette terre cuite, y paraît imprimé en creux à l'aide d'une sorte de marque composée de petites capitales comme sur le buste d'inconnu légué au Louvre par Mme Juhel-Renoy. La date est ajoutée à la pointe.

13. — Jupiter foudroyant l'Aristocratie.

Groupe. Bronze. — H. 0^m50.

Signé : *Ch... 91 ?*

App. à M. Henri Heilbronner.

14. — Apollon foulant aux pieds la Superstition.

Groupe. Bronze. — H. 0^m50.

App. à M. Henri Heilbronner.

Pendant du précédent.

Nous avons conservé la désignation du groupe donnée par Salomon de la Chapelle ; mais il est à remarquer qu'on lit sur la figure terrassée le mot *Religion* et qu'elle porte la croix et le calice.

Ces deux fontes, qui paraissent avoir été exécutées seulement au XIXe siècle, reproduisent la composition des groupes qui furent l'occasion de l'emprisonnement de Chinard à Rome en 1792. Salomon de la Chapelle (1896 p. 91 et 1897 p. 41) signale deux exemplaires en terre cuite de ces compositions appartenant à la collection Pagnagoy. Ce sont probablement ceux qui ont été achetés par le Musée Carnavalet. Ce musée possède, du reste, deux autres exemplaires en plâtre avec variantes donnés par Ph. Burty.

Sur la Terre cuite du Jupiter de Carnavalet se lit l'inscription très distincte : *Ch., à Rome, 1791.*

15. — L'Innocence, sous la forme d'une colombe, se réfugiant dans le sein de la Justice.

Statuette Terre cuite. — H. 0^m46.

Signé : *Par un prisonnier 25 pluviose.*

On lit encore sur le glaive : *Tremblez coupables.* sur l'autre :

Espérez innocents, et sur le socle :
 Je rends à la vertu sa première blancheur
 Et j'immole à ses yeux son farouche oppresseur.

      App. à M. Paulme

 Anc. coll. Mallet-Guy.

 Voir catal. Salomon de la Chapelle, p. 43.

Cette composition, exécutée par Chinard pendant sa détention à Lyon (1793-1794), passe pour avoir été offerte à Corchand, l'un des juges du tribunal révolutionnaire et avoir entraîné son acquittement.

16. — La Philosophie.

 Statuette. Terre cuite. — H. 0^m38.

 Signé : Chinard aux Aicluses...
    Coll. de M. le comte de Penha Longa.

Allégorie révolutionnaire.

17. — La Loi.

 Statuette. Terre cuite. — H. 0^m47.
 Non signé.

     Coll. de M. Piégay, à Lyon.

Allégorie révolutionnaire.

18. — Génie de la Liberté (?).

 Terre cuite mutilée. — H. 0^m51.
 Non signé.
    Coll. de M. le comte de Penha Longa.

Cette figure appartient sans doute à quelque allégorie révolutionnaire. Sur la poitrine du monstre à oreilles d'âne qui foule aux pieds le génie est inscrit le mot *Ignorance.* Salomon de la Chapelle décrit une figure semblable avec un flambeau dans la main droite et des épis dans la gauche, dans une collection Pagny. (Catal. p. 147).

19. — Léda (?).

Statuette. Marbre. — H. 0ᵐ95.
Signé : CHINARD FECIT A LYON 1796.

Coll. de M. le comte de Penha Longa.

20. — Amour endormi.

Statuette. Terre cuite. — H. 0ᵐ38. L. 0ᵐ67.
Signé : *Chinard.*

Coll. de M. Félix Doistau.

21. — Amour debout.

Statue. Marbre. — H. 1ᵐ33.
Signé : *Chinard.*

App. à M. Guérault.

22. — Bacchante tenant Bacchus enfant sur un léopard.

Groupe. terre cuite. — H. 0ᵐ17.
Non signé.

Musée de Lyon

23. — Enfant et Amour (?).

Groupe. Terre cuite. — L. 0ᵐ25.

Coll. de M. Piégay, à Lyon.

24. — Pendant du précédent.

Coll. de M. Piégay, à Lyon.

25. — Groupe allégorique, dédié à J.-B. Dumas, ami de Chinard.

Terre cuite. — H. 0ᵐ45.

Coll. de M. le comte de Penha Longa.

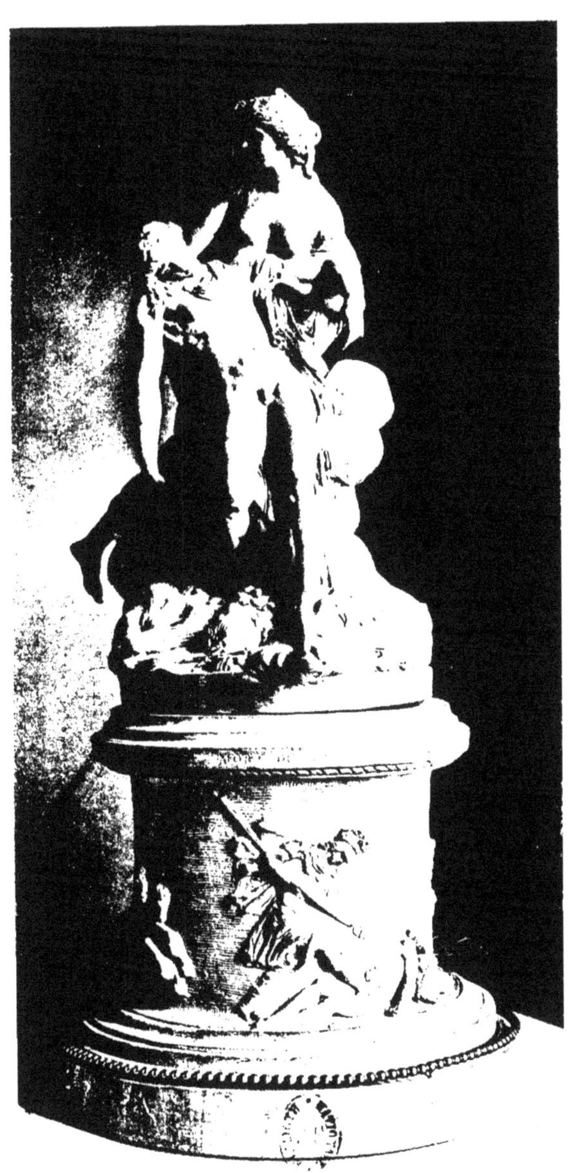

VÉNUS ET ÉNÉE (?)

(Collection de M. le marquis de Biron)

On lit sur la terrasse du groupe ces diverses inscriptions :

Les Enfants de Joseph Creuzet à leur tuteur.
Le creuset du malheur éprouvant l'amitié
Fait de l'homme sensible une divinité.
Esquisse faite par Chinard à Lyon en 1801.
    A Dumas.   *A Lyon*

26. — Minerve distribuant des lauriers.

Bas-relief. Terre non cuite. — H. 0ᵐ68. L. 1ᵐ02.
Non signé.

Bibliothèque de la ville de Lyon.

Ce bas-relief allégorique à la Légion d'honneur était destiné à la décoration de l'Arc de Triomphe de Bordeaux. Le modèle en fut exposé au Salon de 1808. Offert par Chinard, la même année, à l'Académie de Lyon lors de sa réception. (Voir Sal. de la Chapelle, 1896 p. 412.)

27. — Esquisse de la décoration d'une fontaine (?).

Haut-relief. Terre cuite. — H. 0ᵐ07. — L. 0ᵐ23.
Coll. de M. Napoléon Gourgaud.

IMITATIONS DE L'ANTIQUE

28. — Buste d'Homère.

Terre cuite. — H. 0^m33.

Non signé.

> App. à M. Mariéton.

29. — Buste d'adolescent (Bacchus jeune du Capitole (?)

Marbre. — H. 0^m60.
Non signé.

> App. à M. Joseph Bardac.

30. — Danseuses antiques.

Bas-relief. — Terre cuite. — H. 0^m37. L. 0^m95.
Signé : *Chinard de Lyon 1792.*

> Coll. de M. Napoléon Gourgaud.

Interprétation libre du bas-relief de la collection Borghèse.
Salomon de la Chapelle signale un bas-relief de ce type dans la
collection de M. Laforge.

31. — **Méduse** (d'après la Méduse de Rondanini).

Masque. Marbre. — H. 0^m6o.

Signé : CHINARD.

    Coll. de M. le comte de Penha Longa.

Marbre inachevé qui provient probablement de l'atelier de Chinard.

32. — **Combat d'un Taureau et d'un Lion.**

Groupe Terre cuite. — H. 0^m36. — L. 0^m38.

Signé : *Chinard 1791 Carrare.*

    Coll. de M. Piégay, à Lyon.

Composition inspirée de l'antique.

33. — **Hercule et Antée.**

Groupe Bronze. — H. 0^m55.

Signé : *J. Chinard.*

    App. à Madame Morin, à Lyon.

Ce groupe paraît être une étude de Chinard, probablement exécutée à Rome et d'après quelque composition d'un sculpteur italien du xvie ou du xviie siècle.

34. — **Candélabre** orné d'un bas-relief de Bacchantes.

Terre cuite.

    Coll. de M. Genin, à Lyon.

35. — **Trépied.**

Terre cuite broyée. — H. 0^m8o.

    Coll. de M. Genin, à Lyon.

BUSTES ET STATUES

36. — Buste de Louis XVI.

> Plàtre patiné. — H. 0^{m}23.
> Signé: *Chinard de l'Athénée de Lyon.*
>
> > App. à M. Et. Moreau-Nélaton.

On ne voit pas trop à quelle date Chinard aurait exécuté ce buste, de valeur iconographique médiocre, et qui paraît plutôt une effigie rétrospective.

37. — Buste de Montesquieu.

> Terre cuite. — H. 0^{m}31.
> Signé : *Chinard.*
>
> > Coll. de M. Ch. Oulmont.

Cette effigie rétrospective, qui provient de Lyon, doit se rapporter à la série d'images des grands hommes qui fut demandée à Chinard pendant la Révolution.

38. — Buste de jeune garçon.

> Terre cuite. — H. 0^{m}35.
> Signé : *Chinard a 'Rome.*
>
> > Coll. de M. Théodore Mante.
> Anc. coll. Ricard, à Marseille.

**39. — Buste de jeune fille aux cheveux courts, coupé
   à l'antique.**

Terre cuite. — H. 0^{m}40.
Non signé.

> Coll. de M. le comte de Penha Longa.

Sur le devant du buste se lit l'inscription :

Ton aïeule et ta mère, en formant ton enfance,
T'ont fait chérir les arts, la gloire et la vertu.
Du talent de l'artiste admirez la puissance,
Ce que fit leur amour, son ciseau l'a rendu.

40. — Buste de jeune femme, présumée Mme Roland.

Terre cuite. — H. 0^{m}37.
Non signé.

> Coll. de M. Ed. Aynard.

Exp. de Lyon 1904, n° 744.

Voir Salomon de la Chapelle, art. cit. p. 95-97 et notre introduction p. 12.

41. — Buste de Madame de Jaucourt (?).

Marbre. — H. 0^{m}62.
Signé : *Chinard à Lyon. 1796*

> Coll. de M. le comte de Penha Longa.

Anc. coll. Lelong.

42. — Buste du peintre Isabey.

Plâtre. — H. 0^{m}16.
Signé : CHINARD.

> App. à Madame Taigny.

**43. — Buste d'Alexandre-Antoine Régny, ancien tréso-
   rier général de la Ville de Lyon.**

Plâtre patiné. — H. 0^{m}70.
Signé : *Chinard fecit.*

> App. à M. Reynaud.

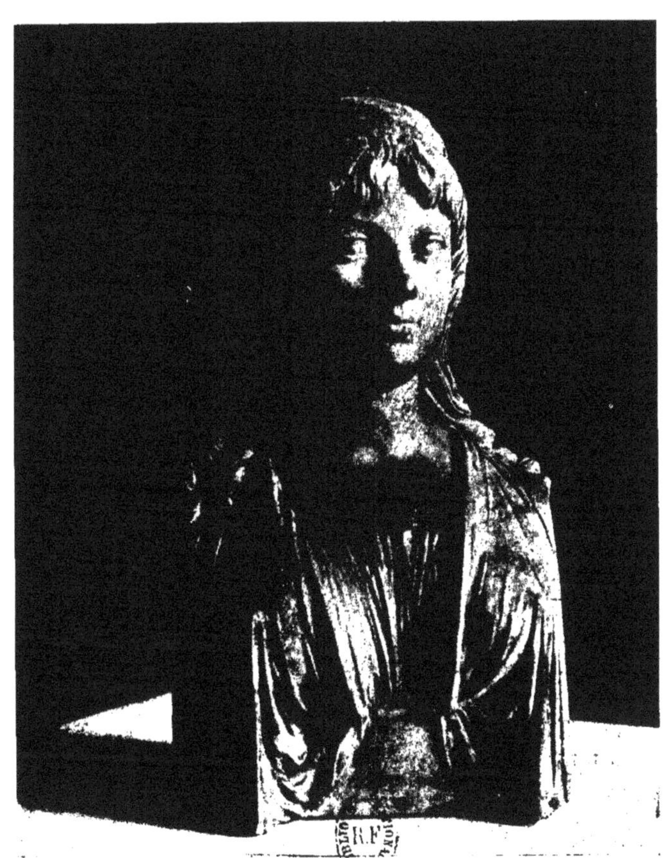

MADAME ROLAND (?)

(Collection de M. Ed. Aynard.)

Ce buste n'est pas sans quelque rapport comme exécution avec le buste d'inconnu légué au Musée du Louvre par Mme Juhel-Renoy.

44. — Buste de Madame de l'Orme de l'Isle, fille du précédent.

> Terre cuite. — H. 0^m66.
> Signé : *Chinard Lugdunensis.*
>
> App. à M. Reynaud.

45. — Buste de la même personne avec de légères variantes.

> Terre cuite. — H. 0^m64.
>
> App. à M. Joseph Bardac.

46. — Buste d'enfant présumé fils de Camille Jordan, député du Rhône.

> Terre cuite. — H. 0^m44
> Signé : *Chinard à Lyon, Ventôse an XI.*
>
> App. à Madame A. Doucet.

On connaît un médaillon de Camille Jordan par Chinard. Voir Catal. Salomon de la Chapelle, p. 150.

47. — Buste de femme, époque du Directoire.

> Terre cuite. — H. 0^m37.
> Non signé.
>
> Musée de Lyon.

Voir Gonse. *Musées des départements,* p. 247, fig.

48. — Buste de jeune femme dite à tort Madame de Verninac.

> Terre cuite. — H. 0^m65
> Signé : *Chinard à Lyon Messidor X.*
>
> App. à M. Kraemer

49. — **Buste de jeune femme** dite à tort Madame de Verninac.

Plâtre. — H. 0^m67.

Coll. de M. le comte de Penha Longa.

Une autre épreuve en plâtre de ce buste appartient à M. Zakarian.

50. — **Buste de jeune femme coiffée d'un voile étoilé.**

Terre cuite. — H. 0^m64.

Signé : *Chinard à Lyon.*

Coll. de M. le comte de Penha Longa.

51. — **Buste de jeune femme coiffée d'un voile étoilé.**

Plâtre. — H. 0^m66.

Coll. de M. le comte de Penha Longa.

52. — **Buste d'Antoinette Perret**, première femme de Chinard.

Terre cuite. — H. 0^m53.

Signé : *Chinard statuaire à Lyon l'an XI.*

Musée de Lyon.

Sur le devant du piédouche se lit l'inscription :
Tu vivras toujours dans la pensée de ton époux.

53. — **Buste d'un général de la République** à mi corps.

Terre cuite. — H. 0^m25.

Non signé :

Coll. de M. Piégay, à Lyon.

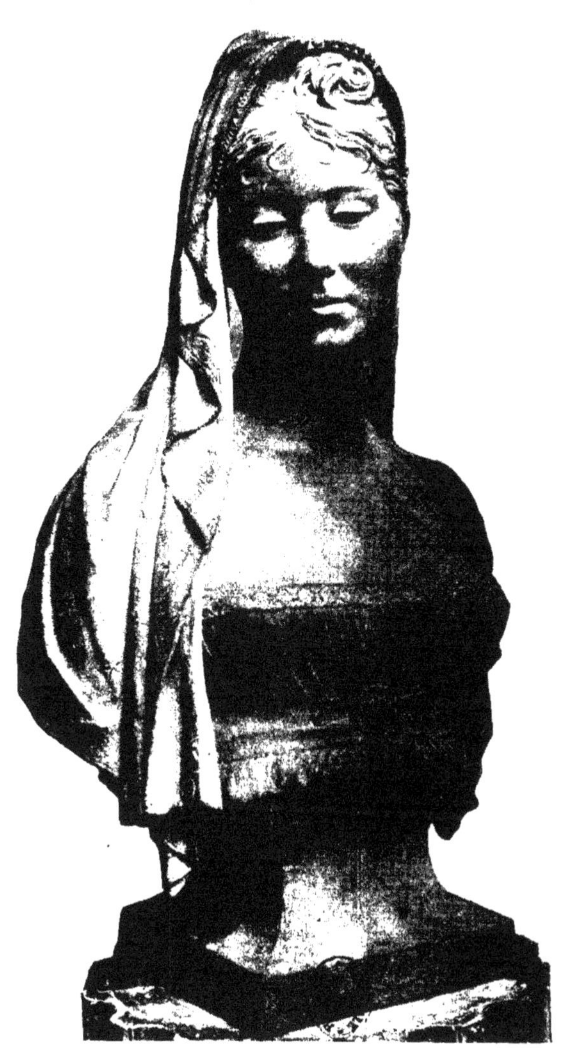

BUSTE DE FEMME INCONNUE

(Collection de M. le comte de Penha Longa.)

54. — **Buste de jeune garçon,** de la famille Guille.

Terre cuite. — L. 0ᵐ53.

Non signé.

App. à M. Sonnery-Martin, à Lyon.

Ce buste, d'après une tradition de famille, fut exécuté vers 1802 à Caluire, aux environs de Lyon. Il avait comme pendant un buste de jeune fille qui a été transporté à Alger.

55. — **Buste de Bonaparte, consul.**

Terre cuite. — H. 0ᵐ26.

Non signé.

Coll. de M. Piégay, à Lyon.

Le portrait de Bonaparte fut exécuté par Chinard en 1802, lors d'un séjour du Premier Consul à Lyon. Salomon de la Chapelle (1897, p. 49 et 145) signale un exemplaire en marbre du buste dans la collection de M. Terme.

56. — **Buste de l'abbé Rosier,** surmontant un terme.

Terre cuite. — H. 0ᵐ44.

Signé: *Chinard de Lyon 1802.*

Coll. de M. le comte de Penha Longa.

Esquisse pour le monument placé dans le Jardin des Plantes de Lyon en 1812, mutilé en 1834 et retiré en 1860. (Voir catal. Salomon de la Chapelle, p. 52.)

57. — **Buste d'Alexis Guiffrey,** âgé de trois ans (1803).

Terre cuite. — H. 0ᵐ42.

Signé: *Chinard à Lyon.*

App. à M. Jules Guiffrey.

Voir *Nouvelles Archives de l'Art Français 1873*, p. 438.

58. — **Buste de Madame Récamier.**

Terre cuite. — H. 0ᵐ65.

Non signé.

Coll. de M. le comte Cahen d'Anvers.

Voir *Introduction* p. 16.

Un exemplaire en marbre de ce buste célèbre qui provenait de la famille de Madame Récamier, a été acheté en 1909 par le Musée de Lyon. Un autre, qui ne comprend que la tête et la naissance des épaules, est aujourd'hui en Amérique. — Un plâtre qui paraît être le modèle original et présente quelques arrangements différents, appartient à la famille Brillat-Savarin alliée à celle de madame Récamier. Il est conservé aujourd'hui à Belley. — Enfin, il existe plusieurs terres cuites analogues à celles-ci, dont celle qui fut exposée au Grand-Palais en 1900 et appartient aujourd'hui à M. Gaston Bernheim et une autre que possède M. Lefèhvre, au château de Valmer (Indre-et-Loire).

59. — Buste de Madame Récamier.

Plâtre. — H. 0ᵐ70.

Musée de Lyon.

Cet exemplaire, en mauvais état, reproduit le buste de Belley et nous donne par conséquent la première pensée de Chinard.

60. — Buste de Madame Récamier.

Réduction. Bronze. — H. 0ᵐ26.
Non signé.

Coll. de M. le comte de Penha Longa.

Ce petit buste assez différent, surtout dans la disposition de la coiffure, du buste de Lyon, paraît se rapprocher de celui de Belley et aurait été exécuté, par conséquent, dans l'atelier de l'artiste d'après son modèle primitif.

61. — Tête d'un Buste de Madame Récamier.

Bronze. — H. 0ᵐ09.

App. à M. Carle Dreyfus.

Fragment d'un buste analogue au précédent mais non identique dans le détail et de proportions légèrement différentes.

62. — Buste de l'Impératrice Joséphine.

Marbre. — H. 0ᵐ73.
Signé : *Chinard F.*

Le buste de Joséphine fut exposé aux Salons de 1806 et de 1808, mais il en fut exécuté certainement plus de deux exemplaires. Celui-ci provient des collections de Leuchtenberg.

Un buste analogue, jadis au château d'Arenenberg, a été donné par l'impératrice Eugénie au Musée de la Malmaison. Il est signé par derrière *Chinard de Lyon*. L'impératrice n'y porte pas la couronne et son diadème ne présente pas de figures.

63. — Buste de l'Impératrice Joséphine.

> Terre cuite. — H. 0ᵐ30.
>
> Signé : en avant, *Chinard à Milan ;* en arrière, *Chinard de l'Institut national membre de plusieurs Académies Milan, an XIII.*
>
> > Coll. de M. le comte de Penha Longa.

Voir le numéro précédent. Le modèle de cette terre cuite, datée de Milan, est sans doute assez antérieur au buste en marbre.

64. — Buste du Prince Eugène de Beauharnais.

> Marbre. — H. 0ᵐ70.
> Signé : *Chinard de Lyon 1806.*
>
> > Musée de Versailles.

65. — Buste du Prince Eugène de Beauharnais, en costume militaire.

> Réduction. Terre cuite. — H. 0ᵐ28.
> Signé : *Chinard de Lyon.*
>
> > Coll. de M. le comte de Penha Longa.

Un moule à bon creux de ce buste ainsi que du suivant appartient à M. A. Seligmann.

66. — Buste du Prince Eugène de Beauharnais, en costume de prince de l'Empire.

> Terre cuite. — H. 0ᵐ28.
> Signé : *Chinard de Lyon.*
>
> > Coll. de M. le comte de Penha Longa.

67. — Buste d'Elisa Bonaparte, princesse Bacciocchi.

Terre cuite. H. 0ᵐ27.

Signé : *Chinard statuaire ac.* [sic] *de l'Institut national membre de plusieurs académies.*

Coll. de M. le comte de Penha Longa.

Ce buste doit nous donner en réduction le type du buste officiel
de la princesse Elisa, conservé en Italie aux environs de Lucques.
(Voir Marmottan, *Les Arts en Toscane.*)

68. — Buste du prince Bacciocchi.

Terre cuite. — H. 0ᵐ28.

Signée : *Chinard de Lyon.*

Coll. de M. le comte de Penha Longa.

Pendant du précédent.

69. — Buste colossal du général Desaix à l'antique, la
poitrine nue traversée par un baudrier.

Marbre. — H. 0ᵐ82.

Signé : *Chinard de Lyon.*

Musée de Versailles.

Salon de 1808. — Soulié. catal. du Musée de Versailles n° 1590.
Le Musée de Versailles possède encore le buste (marbre) du
général Leclerc et celui du *général Baraguey d'Hilliers* (mou-
lage).

70. — Buste du général Hoche (?), en costume militaire.

Marbre. — H. 0ᵐ65.

Non signé.

App. à M. Alexandre Nathanson.

Ce buste passe pour provenir de la maison de campagne de
Chinard, aux environs de Lyon. Ce serait plutôt dans ce cas le buste
de Desaix, dont Chinard exécuta plusieurs exemplaires, et dont,
suivant Salomon de la Chapelle, on voyait encore au cours
du xixᵉ siècle un marbre dans la maison du quai de l'Observance,
avec un aigle en marbre colossal qui a précisément passé par les
mêmes mains que ce buste.

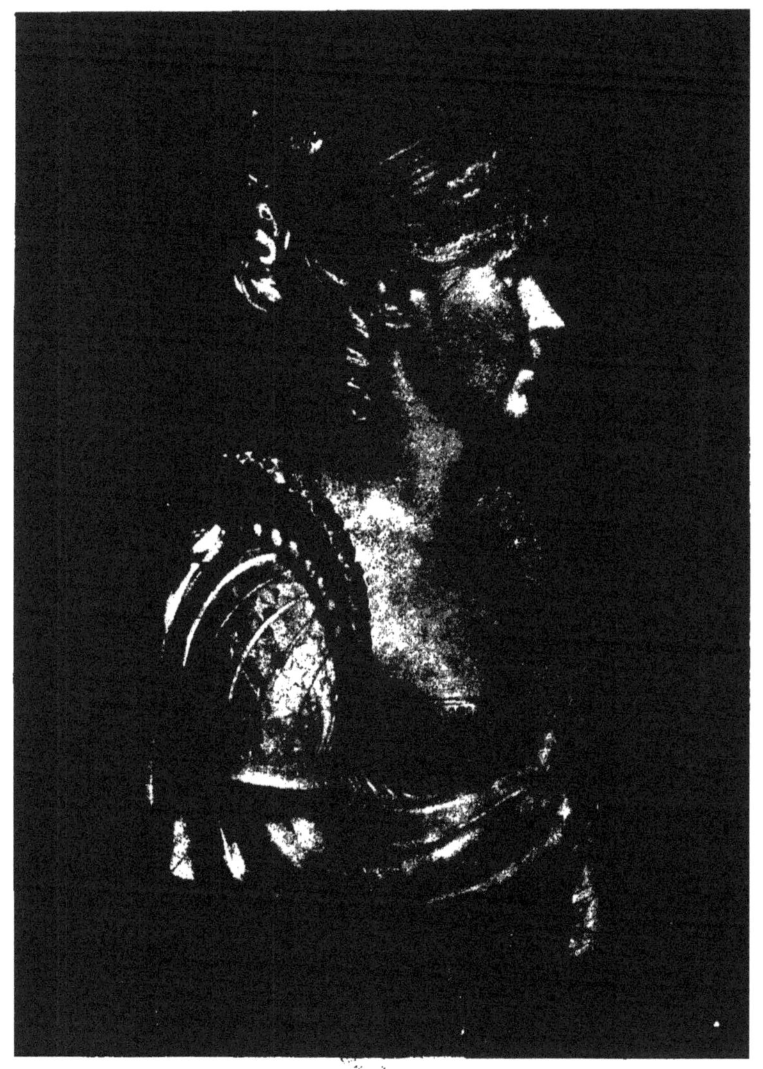

L'IMPÉRATRICE JOSÉPHINE

(Collection de M. le comte de Primoli.)

71. — Buste de Julia Clary, femme de Joseph Bonaparte, reine d'Espagne.

Terre-cuite.

App. à M. Pierre Lebaudy.

Salon de 1808.

72. — Buste de Fanny Perrin avec les attributs de Psyché.

Marbre. — H. 0^m54.

Non signé.

Musée de Clermont-Ferrand.

Salon de 1808.

Cette personne, née en 1801, devint en 1828 la seconde femme du général baron Louis-Jean Desaix de Veygoux (1790-1845), et mourut en 1854.

Ce buste a été donné au Musée de Clermont en 1884, par Mme Alexandrine de Girardin, comtesse Désaix.

73. — Buste de Madame Jean-Louis Gauldrée-Boilleau, tenant l'image de son fils défunt (Charles-Louis Gauldrée-Boilleau).

Marbre. — H. 0^m75.

Non signé.

Musée des Arts décoratifs.

Ce buste qui n'est pas signé, mais qui peut être attribué en toute certitude à Chinard, d'après des documents écrits, et daté de 1809, figurait jadis dans une chapelle funéraire. Il a été donné par M. Et. Moreau-Nélaton, au Musée des Arts Décoratifs.

74. — Buste du Docteur Pelletan, chirurgien en chef des Hôpitaux. — H. 0^m73.

Plâtre bronzé.

Signé : *Chinard fecit.*

Coll. de l'Institut de France.

75. — Buste d'une femme artiste présumée Madame Constance-Marie Charpentier (1767-1819).

Marbre. — H. 0^{m}77.

Non signé.

Coll. de M. le comte de Penha Longa.

L'attribution de ce buste est confirmée par la signature du n° suivant.

76. — Buste d'une femme artiste.

Réduction plâtre. — H. 0^{m}26.

Signé : *Chinard à Lyon.*

Coll. de M. le comte de Penha Longa.

77. — Buste de la même personne, avec un arrangement de coiffure différent.

Plâtre. — H. 0^{m}24.

Signé : *Esquise fait par Chinard de l'Institut et de l'Athénée de Lyon.*

Coll. de M. le comte de Penha Longa.

Ce buste est posé sur un socle en plâtre décoré des attributs de la peinture et de la musique.

78. — Général Cervoni.

Statuette Terre cuite. — H. 0^{m}33.

Inscription sur le piédestal : *g^{al} Cervoni, 1811.*

Coll. de M. Piégay, à Lyon.

La statue du général Cervoni avait été commandée à Chinard pour la décoration du Pont de la Concorde. Le modèle, de grandeur colossale, en fut exposé au Salon de 1812.

79. — Le Statuaire Chinard, drapé à l'antique.

Statuette Plâtre. — H. o^m62.

Non signé.

Coll. de M. le comte de Penha Longa.

Une autre épreuve de cette statuette en terre cuite se trouve au Musée de Lyon. — Une statue grandeur nature, de l'artiste, par lui-même, qu'il avait laissé inachevée, a été placée sur son tombeau au cimetière de Loyasse, à Lyon.

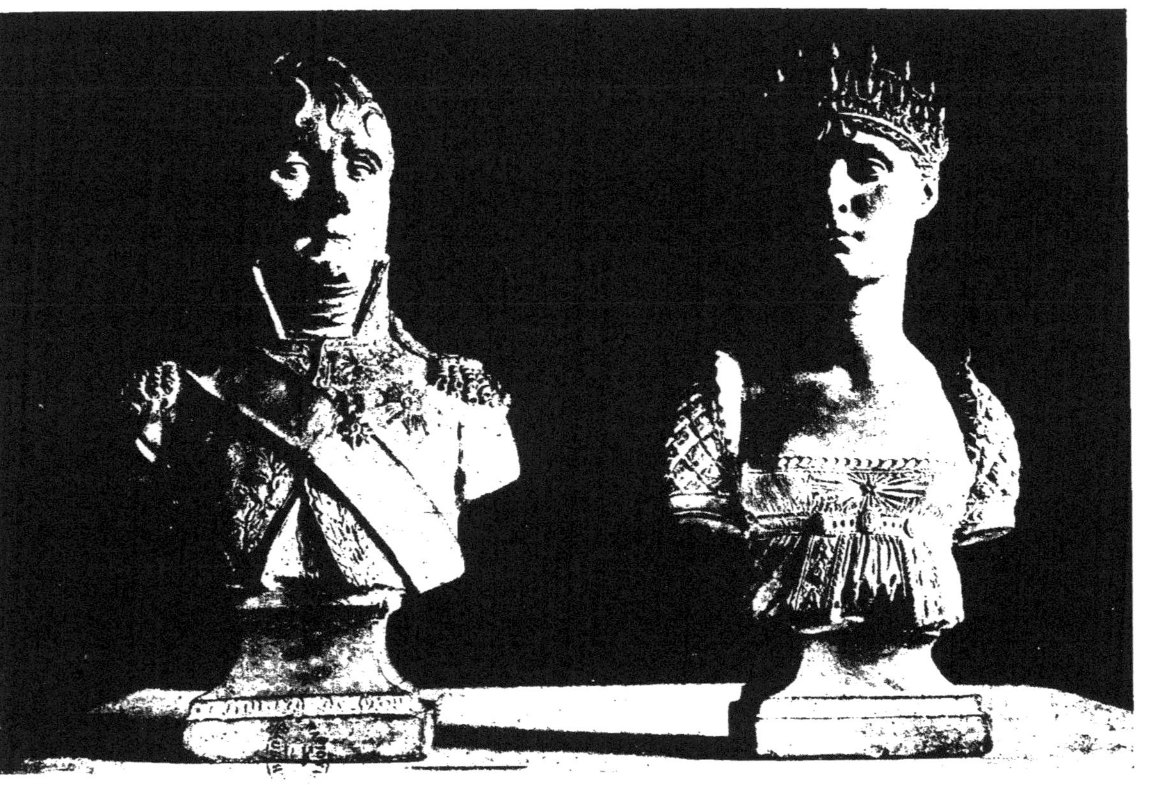

ÉLISA BONAPARTE ET LE PRINCE BACCIOCCHI

(Collection de M. le comte de Penha Longa.)

MÉDAILLONS

80. — **Joseph Chinard.**

> Terre cuite. — Diam. 0^{m}19.
> Signé : *Chinard.*
>
> Coll. de M. le comte de Penha Longa.

81. — **Joseph Chinard (?).**

> Terre cuite. — Diam. 0^{m}20.
> Signé : *Chinard de l'Institut nat. ce 12 juin 1808.*
>
> Musée de Lyon.

82. — **Madame Chinard (?).**

> Terre cuite. — Diam. 0^{m}20.
> Signé : *Chinard de Lyon 30 juin 1808.*
> Voir le n° 112.
>
> Musée de Lyon.

83. — **Claude Bourgelat,** fondateur de l'École Vétérinaire
de Lyon (Mort en 1779).

> Plâtre. — Diam. 0^{m}22.
> Signé : *Chinard Lion 1787.*
>
> Coll. de M. le comte de Penha Longa.

84. — Homme âgé en costume Louis XVI. de profil à
droite.

Terre cuite. — Diam. 0^m22.
Signé : *Chinard à Saint-Sarain 1787.*

Coll. de M. le comte de Penha Longa.

85. — Homme âgé en costume Louis XVI. de profil à
droite.

Terre cuite. — Diam. 0^m20.
Signé : *Chinard 1789.*

Coll. de M. le comte de Penha Longa.

86. — Jeune homme, de profil à droite.
tin Bon. Joseph Robespierre).

Terre cuite. — Diam. 0^m22.
Signé : *Chinard à Rome 1792.*

Coll. de M. le comte de Penha Longa.

Voir catal. Salomon de la Chapelle 1897, p. 149.

Comme facture et même comme type, ce médaillon offre quelque
rapport avec celui du Musée du Louvre qui est signé : *Chinard à
Rome 1786.*

87. — Homme en costume de l'époque révolutionnaire,
de profil à gauche.

Terre cuite. — Diam. 0^m20.
Signé : *Chinard 1793.*

Coll. de M. Sainte-Marie Perrin, à Lyon.

Voir Catal. Exposition rétrospective de Lyon 1904, n° 746 (fig.).

88. — Bourgeois de l'époque de la Révolution, de profil
à gauche.

Terre cuite. — Diam. 0^m23.
Signé : *Chinard à Lyon.*

Coll. de M. le comte de Penha Longa.

89. — Homme en uniforme, de profil à droite.

Plâtre. — Diam. 0ᵐ21.

Signé: *Chinard à Lyon le 30 prairial.*

Coll. de M. le comte de Penha Longa.

90. — Jeune homme aux cheveux longs, de profil à droite.

Terre cuite. — Diam. 0ᵐ21.

Signé: *Chinard à Lyon.*

Coll. de M. le comte de Penha Longa.

91. — Homme coiffé d'un chapeau à cocarde, de profil à droite.

Terre cuite. — Diam. 0ᵐ19.

Signé: *Chinard membre de plusieurs académies.*

Coll. de M. le comte de Penha Longa.

92. — Jeune femme, de profil à droite.

Terre cuite. — Diam. 0ᵐ21.

Signé: *Chinard à Lyon le 8 messidor an 3ᵉ.*

Coll. de M. le comte de Penha Longa.

Anc. coll. Deis. (Voir catal. Expos. Lyon 1904 nᵒ 754.)

93. — Jeune femme coiffée d'un bonnet de linge, de profil à droite.

Terre non cuite. — Diam. 0ᵐ18.

Signé: *Chinard à Chaponost le 24 prérial an 4ᵉ.*

Coll. de M. le comte de Penha Longa.

94. — Jeune femme coiffée d'un bonnet à cocarde, de profil à gauche.

Plâtre peint. — Diam. 0^m24.
Signature effacée.

     Coll. de M. le comte de Penha Longa.

Un autre exemplaire en terre cuite, au Musée Carnavalet, porte la signature : *Chinard, le 26 prairial,* et est dite, sans raison, représenter Mme Roland.

95. — Jeune femme en costume de l'époque révolutionnaire, de profil à gauche.

Terre cuite. — Diam. 0^m21.
Signé : *Chinard de Lyon le 11 f.*

     Coll. de M. le marquis de Biron.

96. — Philippe Égalité.

Terre cuite. — Diam. 0^m24.
Non signé.

     Musée de Lyon.

97. — P.-L. Ginguené, directeur général de l'Instruction publique.

Terre cuite. — Diam. 0^m21.
Signé : *Chinard à Paris l'an IV.*

     Coll. de M. Paul Marmottan.

98. — Reubell, membre du Directoire.

Terre cuite. — Diam. 0^m21.
Signé : *Chinard de l'Institut à Paris et de l'Athénée, à Lyon.*

     Coll. de M. le comte de Penha Longa.

99. - **Général de la Révolution coiffé d'un chapeau à à plumet et cocarde**, de profil à gauche.

Terre cuite. — Diam. 0^m22.

Signé : *Chinard de l'Institut à Paris et de plusieurs académies*.

Coll. de M. le comte de Penha Longa.

100. — **Autre général,** présumé Général Doppet.

Terre cuite. — Diam. 0^m22.

Signé : *Chinard de Lyon*.

App. à M. Michon.

Autre épreuve de ce médaillon au Musée Carnavalet.

101. — **Personnage en costume d'officier de dragons.**

Plâtre patiné. — Diam. 0^m24.

Signé : *Chinard à* (Sign. à demi effacée).

Coll. de M. Émile Lévy.

102. — **Le peintre Boilly.**

Plâtre. — Diam. 0^m26

App. à M. Henry Jouin.

On lit, en exergue, autour du médaillon, cette inscription en relief : CHINARD A BOILLY.

Cette épreuve provient de l'atelier du sculpteur Soitoux. Une épreuve moderne coulée en bronze a été offerte au Musée d'Angers par M. Jouin. — On connaît une autre épreuve en terre cuite au Musée de Lille.

103. — **Chenard,** chanteur.

Plâtre (épreuve moderne). — Diam. 0^m26.

On lit, en exergue, autour du médaillon, cette inscription en relief : CHINARD A CHENARD.

Coll. de M. le comte de Penha Longa.

104. — Albouy Dazincourt. comédien.

Plâtre. — Diam. 0^m22.

Signé : *Chinard de l'Institut et de l'Athénée, à Lyon.*

Coll. de M. le comte de Penha Longa.

1 05. — Jeune homme à favoris. de profil à gauche.

Plâtre. — Diam. 0^m23.

Signé : *Chinard à Lyon le 10 pluviôse an X.*

Coll. de M. le comte de Penha Longa.

106. — Madame Récamier.

Plâtre. — Diam. 0^m24.

Signé : *Chinard.*

Coll. de M. le comte de Penha Longa.

Épreuve ancienne tirée dans un moule à pièces.

107. — Bonaparte consul. entre un faisceau et un glaive romain.

Terre cuite. — Diam. 0^m20.

Signé : *Chinard de l'Institut à Paris.*

Coll. de M. le comte de Penha Longa.

Une autre épreuve au Musée Carnavalet.

108. — L'Impératrice Joséphine.

Terre cuite. — Diam. 0^m19.

Signé : *Chinard de Lyon.*

Coll. de M. le comte de Penha Longa.

109. — Eugène de Beauharnais.

Terre cuite. — Diam. 0^m21.

Signé. *Chinard à Lyon.*

Coll. de M. le comte de Penha Longa.

110. — Le Général Duhesme.

> Terre cuite. — Diam. 0^m 29 (cadre compris).
> Signé : *Chinard membre de plusieurs Académies.*
>> Coll. de M. le comte de Penha Longa.

Le cadre est moulé en terre avec le médaillon.

111. — Claude-François Primat, archevêque de Toulouse
(† 1816).

> Terre cuite. — Diam. 0^m20.
> Signé : *Chinard de l'Institut.*
>> Coll. de M. le comte de Penha Longa.

C'est le même personnage qui avait été évêque constitutionnel
de Lyon en 1798. (Voir catal. Salomon de la Chapelle, p. 150.)

112. — Jeune femme dite Madame Dugazon.

> Terre cuite. — Diam. 0^m 21.
> Signé : *Chinard à Lyon 30 Juin 1808.*
>> Coll. de M. le comte de Penha Longa.

13. — Jeune femme à cheveux courts.

> Plâtre. — Diam. 0^m23.
> Signé : *Chinard à Lyon 1809.*
>> Coll. de M. le comte de Penha Longa.

114. — Jeune fille en robe décolletée, de profil à droite.

> Terre cuite. — Diam. 0^m 21.
> Signé : *Chinard à Lyon.*
>> Coll. de M. le comte de Penha Longa.

115. — Marie-Françoise Gauldrée-Boilleau (Mme Adolphe
Moreau).

> Plâtre. — Diam. 0^m18.
> Signé : *Chinard de Lyon 1810.*
>> App. à M. Ét. Moreau-Nélaton.

116. — **Rose-Emilie Gauldrée-Boilleau** (Mme Castel).

Plâtre. — Diam. 0^m18.
Signé : *Chinard de Lyon 1810*.

> App. à M. Et. Moreau-Nélaton.

117. — **Louis-Ferdinand Gauldrée-Boilleau** (vers 1810).

Plâtre. — Diam. 0^m18.
Signé : *Chinard de Lyon*.

> App. à M. Ét. Moreau-Nélaton.

118. — **" Le vieux Docteur "**. Portrait d'un ami de
M. Gauldrée-Boilleau (vers 1810).

Plâtre. — Diam. 0^m20.
Signé : *Chinard de Lyon*.

> App. à M. Ét. Moreau-Nélaton.

119. — **Emmanuel Jadin,** compositeur.

Terre cuite. — Diam. 0^m21.
Signé : *Chinard à son ami Jadin*.

> Coll. de M. le comte de Penha Longa.

120. — **Homme âgé,** de profil à droite, entre un triangle
maçonnique et un bonnet phrygien.

Terre cuite. — Diam. 0^m20.
Signé : *Chinard à Lyon*.

> Coll. de M. le comte de Penha Longa.

121. — **Homme chauve,** de profil à droite.

Plâtre. — Diam. 0^m22.
Signé : *Chinard à Lyon* (date effacée).

> Coll. de M. le comte de Penha Longa.

On lit, en exergue, autour du médaillon :

SÉVÈRE AUX ENNEMIS, MAIS POUR TOUT AUTRE HUMAIN
SON CŒUR EST D'UN FRANÇAIS, SON AME D'UN ROMAIN.

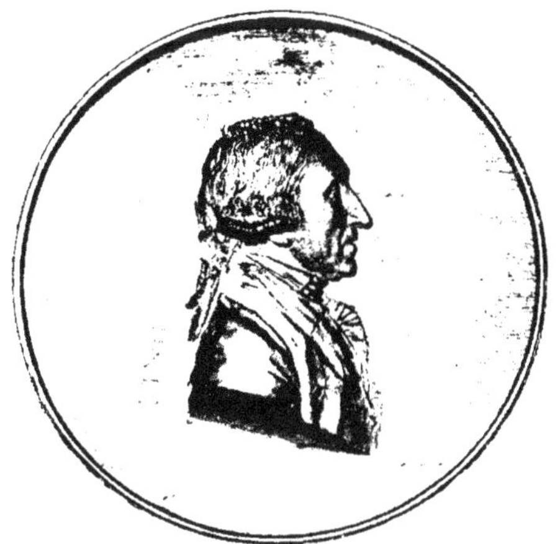

PERSONNAGE INCONNU (1787)
(Collection de M. le comte de Penha Longa.)

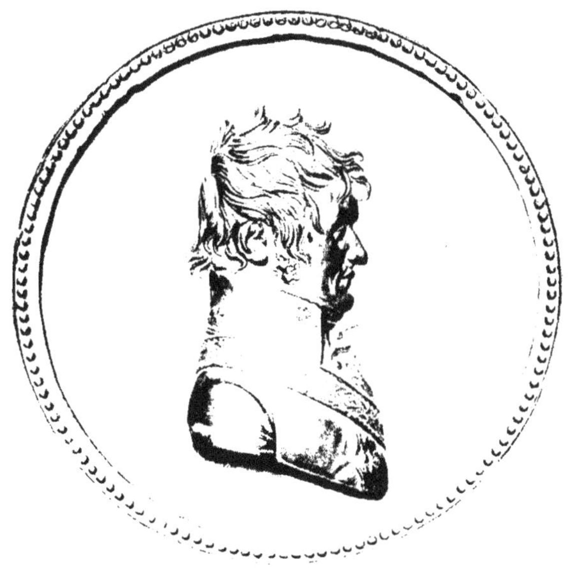

LE GÉNÉRAL DUHESME
(Collection de M. le comte de Penha Longa.)

122. — Homme à favoris, de profil à droite.

Terre cuite. — Diam. o^m 20.
Signé : *Chinard de l'Institut à Lyon.*
Coll. de M. le comte de Penha Longa.

123. — Homme à favoris, de profil à gauche.

Terre cuite. — Diam. o^m 19.
Signé : *Chinard de l'Institut à Lyon.*
Coll. de M. le comte de Penha Longa.

124. — Homme à cravate, de profil à droite.

Terre cuite. — Diam. o^m 20.
Signé : *Chinard de l'Institut à Lyon.*
Coll. de M. le comte de Penha Longa.

125. — Jeune homme, époque de l'Empire, de profil à droite.

Marbre. — Diam. o^m 22.
Non signé.
Coll. de M. Ch. Oulmont.

126 et 127. — M. et Mme Seringe.

Profils en albâtre sur fond d'ardoise. — Diam. o^m 13.
Signés : *Chinard.*
Coll. de M. le comte de Penha Longa.

Anc. coll. Deis. — Exp. de Lyon 1904 n°s 756-757. (Voir catal.
Salomon de la Chapelle. p. 153.

MOULES DE MÉDAILLONS [1]

128. — Madame Récamier.

Voir le n° 106.

Coll. de M. le comte de Penha Longa.

129. — Bonaparte Consul.

Voir le n° 107.

App. à M. Seligmann.

130. — L'Impératrice Joséphine.

Voir le n° 108.

App. à M. Seligmann.

---

1. Un certain nombre de médaillons de Chinard, surtout ceux qui représentaient des personnages en vue, ont dû être *édités* à d'assez nombreux exemplaires. Les *creux* qui ont servi à ces répetitions subsistent encore en partie. Il a paru intéressant d'en montrer ici quelques-uns.

131. — Eugène de Beauharnais.

Voir le n° 109.

App. à M. Seligmann.

132. — Joseph Chinard.

Voir le n° 80.

App. à M. Seligmann.

133. — Homme coiffé d'un chapeau à cocarde,

Voir le n° 91.

App. à M. Seligmann.

134. — Jeune homme inconnu.

App. à M. Seligmann.

ŒUVRES ATTRIBUÉES A CHINARD

135. — Madame Récamier avec une brebis.

Statuette. Terre cuite. — H. 0^{m}25.

Coll. de Madame Th. Reinach.

136. — Jeune homme avec un bélier monté sur un autel.

Esquisse Terre cuite. — H. 0^{m}29.

Coll. de M. le marquis de Biron.

137. — Buste d'homme à l'antique.

Terre cuite. — H. 0^{m}75.

App. à M. Demotte.

138. — Buste de petite fille.

Plâtre. — H. 0^{m}21.

App. à M. Tony Dreyfus.

139. — Buste d'homme.

Terre cuite. — H. 0^{m}51.

Coll. de M. Paul Marmottan.

140. — Buste de femme.

Terre cuite. — H. 0^m51.

Coll. de M. Paul Marmottan.

Pendant du précédent.

141. — Buste de jeune femme.

Terre cuite. — H. 0^m61.

App. à M. Kraemer.

142. — Buste de femme.

Plâtre patiné. — H. 0^m71.

App. à M. de Schorstein.

143. — Buste de femme.

Terre cuite. — H. 0^m49.

App. à M. Wildenstein.

Ce buste a pu être également, avec quelque vraisemblance, attribué à Marin.

44. — Médaillon de femme de profil à gauche.

Terre cuite. — D. 0^m20.

Coll. de M. Ch. Oulmont.

TABLE DES MATIÈRES

CATALOGUE

IMPRIMERIE G. KADAR, PARIS.

www.ingramcontent.com/pod-product-compliance
Ingram Content Group UK Ltd.
Pitfield, Milton Keynes, MK11 3LW, UK
UKHW031827170726
13836UKWH00004B/1525